AF405124

RÉPLIQUE

D'UN FRANÇAIS

A toutes les forfanteries du Ministère britannique, *ainsi qu'aux mille et une invectives et calomnies qu'il ne cesse de vomir contre la* Nation française, *et principalement contre son* premier Magistrat;

OU

La prétendue *bravoure des Anglais* confondue, et les crimes de leur Gouvernement dévoilés.

A PARIS,

De l'Imprimerie des Annales des Arts et Manufactures, rue J.-J. Rousseau, N°. 11.

2 Nivose an XII. (1804.)

AVIS PRÉLIMINAIRE.

Et moi aussi, j'ai voulu payer ma portion de dette à la *haine nationale*, que tout bon *Français* doit vouer à la perfide *Angleterre*.

En effet, quel est celui d'entre nous, qui pourrait lire de sang froid les journaux anglais, et ne pas éprouver le sentiment de la plus vive indignation, en y remarquant toutes les diatribes qu'ils publient journellement contre une *Nation* puissante et respectable, et surtout contre son auguste *Chef?*

Cependant j'observe que si je me suis décidé à mettre au jour cette petite brochure, c'est sans aucune autre prétention que celle d'essayer de donner une idée de l'odieux caractère *anglais*, à ceux de nos *braves* qui ne le connaissent pas, et qui doivent participer à l'honneur de la *grande expédition*, et d'exciter en même tems, *s'il avait besoin de l'être*, leur *enthousiasme*, afin de tirer une vengeance éclatante de ces lâches *insulaires*.

Car je n'ignore pas que, pour traiter un sujet aussi important, il aurait fallu une plume et plus habile et plus éloquente que la mienne ; mais je laisse ce soin et cette tâche à quelque écrivain plus exercé.

Trop heureux si mon zèle secondant la pureté de mes intentions, j'ai pu remplir le seul but que je me suis proposé !

Et puissent bientôt se réaliser quelques-unes de mes prédictions à ces *prétendus souverains des mers* !

RÉPLIQUE

D'UN FRANÇAIS

A toutes les forfanteries du Ministère britannique, *ainsi qu'aux mille et une invectives et calomnies qu'il ne cesse de vomir contre la* Nation française, *et principalement contre son* premier Magistrat;

OU

La prétendue *bravoure des Anglais* confondue, et les crimes de leur Gouvernement dévoilés.

Un héros que de loin poursuit la calomnie,
Facile et non pas faible, ardent, plein de génie,
. . . .
. . . .
Par des ressorts nouveaux sa politique habile
Tient l'Europe en suspens, divisée et tranquille;
Les arts sont éclairés par ses yeux vigilans.
Né pour tous les emplois, il a tous les talens,
Ceux d'un chef, d'un soldat, d'un citoyen, d'un maître.
VOLT., Henriade, chap. VII.

DANS sa rage impuissante, ne mettant p'us de frein à sa fureur, foulant aux pieds toutes

I

relations de convenances , de procédés et d'égards qui doivent toujours exister entre deux peuples policés , quoique désunis , le *Gouvernement britannique* est assez déhonté pour ne pas craindre de s'avilir aux yeux de l'Europe entière , en ne cessant de tenir , surtout depuis la reprise des hostilités , une conduite aussi lâche qu'odieuse envers la Nation française ; la plupart des membres du *parlement* , et jusqu'aux *princes de la famille royale* , ne rougissent pas de partager une telle infamie !

C'est à qui s'escrimera le mieux , en vomissant les invectives les plus grossières , et en déversant les calomnies les plus atroces (qu'ils font répéter et publier dans toutes leurs feuilles publiques) contre la *Nation française* , et notamment contre son illustre *chef* , principal objet de leur jalousie , de leur haine et de leur vengeance ; et pourquoi ? parce que son génie et sa valeur , après avoir sauvé la *France* , l'ont portée au plus haut degré de splendeur , et que de tout tems , son bonheur excita toujours l'envie et l'ambition de l'*Angleterre*.

Delà , tous ces *traités* presqu'aussitôt rompus que signés.

Aussi , sans être grand politique , mais con-

naissant la perfidie du caractère *anglais* (1);
j'avais bien prévu (*je l'ai même dit à tous
ceux qui voulaient m'entendre*) que la *paix*
conclue par le *traité* d'Amiens, ne serait pas
de longue durée (*); et je soutiendrai encore que
toutes celles qu'on pourrait faire par suite avec
cette puissance, ne seront pas plus stables, tant
qu'il n'y aura pas un changement total dans
la forme de son Gouvernement, que les mêmes
hommes seront à la tête des affaires, et que
la *paix* à faire avec ce peuple, ne sera pas
formellement *garantie* par les principales puissances de l'Europe.

Il n'appartenait donc qu'à la sagesse du
Premier Consul de savoir mettre à profit la
plus belle des circonstances qui se soit jamais
présentée, même du tems de la monarchie,
et qui vraisemblablement ne se représentera
pas une seconde fois (*l'enthousiasme général et le vœu unanime des Français à sou-*

(*) Cependant par les conditions de cette *paix*,
dont les bases furent long-tems discutées de part et
d'autre, les intérêts et les avantages respectifs des
deux nations, étaient aussi bien *ménagés qu'assurés*,
grâce à la prudence et à l'habileté du sage *négociateur*
français, à qui l'on est déjà redevable du *traité de
Lunéville*.

1 *

tenir, s'il le faut, jusqu'à la dernière ex-trémité, la guerre actuelle) pour dicter enfin à la nation anglaise (2), bientôt réduite à la demander, une *paix* dont les conditions (*sans doute aussi honorables et avantageuses à la France, que dures et humiliantes pour l'Angleterre*) soient telles, qu'elle ne les puisse jamais enfreindre impunément.

Mais comme ce moment, si désirables pour l'humanité, paraît encore très-éloigné, à en juger d'après le *machiavélisme* du Gouvernement *anglais*, il est bon de le divulguer à ceux qui ne le connaissent pas, et de leur donner une idée des petits moyens auxquels en est réduit ce Gouvernement (*qui voudrait bien être encore à faire la première des démarches hautaines et imprudentes qui ont amené la rupture subite des dernières né-gociations*), afin de pouvoir cacher et son impéritie et sa frayeur, en cherchant à leurrer le bon et crédule peuple *anglais*, et lui donner le change. Pour y parvenir plus sûrement, il ne se fait aucun scrupule d'avoir recours à la calomnie, ainsi qu'aux mensonges les plus astucieux; mais, pour les colorer de quelque vraisemblance, il a besoin de la véhémence de certains *honorables* membres

(5)

du *Parlement*, et du fiel des vils *folliculaires*, par lui également soudoyés.

Aussi les *séances* de ce Parlement, jadis si célèbres, n'offrent-elles plus aujourd'hui qu'une foule de débâts scandaleux, tous marqués au coin de la partialité, de l'esprit de parti et de l'insolence ?

Au commencement de la reprise des hostilités, n'osaient-ils pas impudemment soutenir, ces *graves magistrats*, que les ressources de la France étaient épuisées (3) ; qu'il n'y avait ni zèle, ni dévouement, ni patriotisme ; que toutes ces démonstrations, ces préparatifs, ces offres généreuses, ces rassemblemens de troupes, etc. (*ce qui, tout en feignant de ne pas y croire, leur tournait déjà la tête*), n'existaient que sur le *papier* ou dans la *tête* de celui qu'avec ironie ils appelaient le *grand*, le *tout-puissant Consul*, l'*homme extraordinaire ?* (Aussi, maintenant qu'ils n'en peuvent plus douter, le délire de la peur s'est-il tout-à-fait emparé de leurs esprits ?)

Si ces *Messieurs* n'étaient qu'incrédules, on leur dirait d'invoquer le témoignage non équivoque de tous leurs *compatriotes* retenus, par représailles, prisonniers en France ; et s'il ne leur suffisait pas encore, on les inviterait d'y venir eux-mêmes (la loyauté française garantirait leur sureté et leur retour), pour s'en convaincre par leurs propres yeux. C'est alors qu'ils reconnaîtraient bientôt combien cet *homme* vraiment *extraordinaire*, est en effet *grand* et *tout-puissant* !... Oui il l'est... mais par l'amour et par la force du *peuple français*, qui, par un mouvement spontané, se lève pour ainsi dire en *masse*, afin de seconder de tous ses efforts et de tous ses moyens, les projets de ce *grand homme*, en qui il a la confiance la plus juste comme la plus illimitée ; ils verraient effectivement si d'un bout de la France à l'autre, il n'existe pas le même esprit, le même *enthousiasme* pour le soutien de cette guerre, provoquée par l'ambition et la perfidie d'un gouvernement *parjure* ; et si tous les *français* généralement ne s'imposent pas eux-mêmes volontairement, jusqu'à nos braves militaires et nos intrépides matelots, qui, non contens de faire le sacrifice de leur vie, offrent encore à la patrie une portion de leur solde, afin de pousser la guerre avec plus de vigueur, et d'obtenir un plus prompt *succès* ; ils verraient si nos ports et nos arsenaux ne présentent pas partout une masse imposante d'ouvriers continuellement occupés aux travaux maritimes de tout genre ; si les bords de nos fleuves, de nos rivières, de nos canaux, et jusqu'à ceux de la Seine, ne sont pas tous transformés en *chantiers ;* et si d'un bout de la France à l'autre, l'on ne s'occupe pas avec une ardeur et une activité incroyable à re-créer une *marine* formidable, digne de la nation française, capable de faire trembler à son tour, son implacable *ennemie* (*l'Angleterre*), et de faire respecter à la fois la *liberté des mers.*

Ils jugeraient si jamais, à aucune époque, telle reculée soit-elle, un pareil *enthousiasme* (4) s'est aussi généralement manifesté en France ; si de toutes les guerres qu'elle eut à soutenir, il en fut jamais une aussi *nationalisée* que celle-ci. Enfin, si l'histoire offre un seul exemple où les *Français* aient montré autant d'énergie, déployé d'aussi grandes ressources, que dans la circonstance actuelle ; en un mot, si aucun des *souverains* de la France (excepté un seul, *Henry IV,* dont la mémoire sera toujours chère aux Français) avant *Bonaparte,* reçut jamais autant de preuves et de témoignages éclatans d'amour, d'affection et de dévouement, de la part de ce peuple, naturellement franc, loyal et aimant, que ce *héros*, sur toute sa route, dans tous les endroits où il a passé et séjourné pendant le voyage qu'il fit, il y a quelque tems, dans la *Belgique*, et lors de son retour dans la capitale? — L'on citerait rarement un pareil exemple dans tout autre pays.

Le *chef* d'une nation aussi grande et aussi généreuse, n'en est jamais impunément aimé, chéri, et j'ose dire idolâtré; et lorsqu'il l'est à ce point, il me semble que sa *toute-puissance* est plusqu'assurée: or, si elle n'est plus un problême, que ne doit pas craindre de sa juste *vengeance*, ce Gouvernement ambitieux et déloyal, qui a osé la provoquer avec tant d'insolence, en forçant à sortir de son caractère de modération ce *grand-homme* ?

Que cette orgueilleuse *Albion* tremble donc et redoute sa dernière heure prête à sonner!

Cet oracle est plus sûr que le sien ; car envain l'audace toujours croissante de ceux qui gouvernent ce pays, s'exalte-t-elle en fureur; envain parlent-ils *d'attaquer la France*, d'humilier son *Premier Consul*, ses généraux, etc.? Ces menaces ne sont-elles pas le cri du désespoir, de la rage et de l'impuissance contre un *ennemi* dont le nom seul les fait trembler (5)?

En effet, à quoi bon tant de jactance, toutes

ces rodomontades, lorsqu'on est incapable de soutenir tant d'audace ?

Ces orgueilleux *insulaires* se croient-ils inattaquables, et à l'abri des coups d'un *ennemi* tel que celui qu'imprudemment ils osent insulter et provoquer ? — Se croient-ils donc bien en sûreté dans leur île ? Et, au moyen de cette forêt de bâtimens, couvrant les mers qui les séparent de nous, et leur servant, pour ainsi dire, de triples remparts, se regardent-ils si fortement *retranchés* qu'on ne puisse les atteindre ?

Mais oublient-ils que ce sont des *Français* à qui ils ont affaire ; que tous leurs *généraux* peuvent disputer de valeur et d'habileté avec les plus grands capitaines de l'Europe ? Et ne savent-ils pas déjà par expérience qu'aucun obstacle ne saurait arrêter l'intrépidité des *Français*, sur-tout guidés par l'invincible *héros* qu'ils se sont choisis, par cet homme vraiment *étonnant*, dont le génie et la valeur, familiarisés avec les événemens extraordinaires, commandent, en quelques sorte, aux *élémens?*

Envain se fieraient-ils sur le secours de leurs nombreuses *flottes*, pour oser nous braver et nous insulter ?

Ignorent-ils qu'il ne faut aux *Français* qu'un

vent favorable et quelques heures, pour leur porter les coups les plus funestes, et aller les punir, à *Londres* même, de leur audace ? D'ailleurs les *Anglais* n'en conviennent-ils pas eux-mêmes de cette *possibilité* (6) ?

Si sur *quarante-cinq descentes, quarante-une* ont réussi à ceux qui ont été assez hardis pour les tenter, pourquoi *celui* que n'abandonna jamais sa bonne fortune et la victoire, ne réussirait-il pas aussi bien qu'eux ? Les chances de la probabilité ne sont-elles pas toutes en sa faveur ? Est-il jusqu'à présent quelques obstacles, même ceux que l'on avait toujours regardés comme les plus insurmontables (7), que son vaste génie et son courage n'eussent trouvé les moyens de vaincre ?

Vainement les *Anglais*, pétris d'orgueil et d'insolence, parlent-ils toujours avec affecta-tion de la prétendue *supériorité* de leur *marine* sur celle du *monde entier*, (*ce sont les propres expressions des membres du parlement)* du prétendu *génie* de leurs *amiraux*, et de la prétendue intrépidité de leurs *matelots* ?

Seraient-ils aussi insolens, si notre *marine* était ce qu'elle fut, je ne dirai pas sous *Louis XIV*, où les *Duquesne*, les *Tour-*

ville, les *Duguai-Trouin*, les *Jean-Bart*, etc.
(noms à jamais célèbres dans l'histoire de la
marine française), humilièrent plus d'une
fois le pavillon *britannique* ; mais, sans re-
monter si haut, si notre *marine* était seulement ce qu'elle fut sous *Louis XVI* (8)
lors de la guerre d'Amérique, et dont elle
contribua si puissamment à assurer l'*indé-
pendance ?*

Ont-ils déjà oublié, ces prétendus *souvé-
rains des mers*, tout ce que leur couta cette
guerre, si désastreuse pour eux ? — Ne se souviennent-ils plus que leurs forces navales, dont
ils se targuent tant aujourd'hui, ne brillaient
pas alors devant les savantes manœuvres,
l'habileté et la bravoure de nos intrépides
marins, commandés, à cette époque, par les
Suffren, les *Lamotte-Piquet*, les *Dorvil-
lers*, les *Guichen*, les *Degrasse*, les *Des-
taing*, etc. qui pendant *sept années* consé-
cutives, que dura cette guerre, les poursui-
virent sur toutes les mers, en leur livrant
partout où ils pouvaient les rencontrer, maints
combats, desquels ils sont presque toujours
sortis victorieux, quoique souvent inférieurs
en forces ? car, malgré leur jactance, les *Anglais* cherchent toujours à éluder le combat

avec les *Français*, à moins qu'ils ne se trouvent *supérieurs* en forces. (*Voilà le mot
de l'énigme de leur prétendue supériorité
navale.*)

Et même, sans encore aller chercher si loin,
ne se souviennent-ils pas non plus de ce combat à jamais *mémorable*, et si glorieux pour
les *Français*, qu'ils eurent à soutenir avec
les débris de notre *marine*, échappés à leur
fureur, à leur trahison et à leurs torches in-
cendiaires ? (*ce fameux combat du premier juin* 1794, *(v. st.)* (9), dont peu de
personnes connaissent toutes les circonstances,
et dont les *Anglais*, suivant leur forfanterie
ordinaire se sont attribués tout l'avantage,
et pour lequel ils ont fait tirer le canon de
la Tour, et illuminer, pendant *trois jours* de
uite, la ville de *Londres*..... Ah ! sans doute
que c'était plutôt en action de graces de ce
que leurs *flottes* n'avaient pas été prises ou
détruites entièrement, ainsi qu'elles devaient
l'être, dans cette trop célèbre journée, si ceux
qui avaient alors le commandement en chef
de notre *marine*, n'avaient pas jugé à propos
de se retirer vers le port de *Brest* avec 12
ou 15 *vaisseaux* de ligne !

Et depuis cette époque jusqu'au dernier *traité*

de paix, même depuis la reprise des hostilités; ne pourrait-on pas citer nombre d'exemples où notre *marine*, quoique presque détruite, s'est toujours montrée digne de son ancienne réputation? Et en citerait-on un seul, soit qu'elle formât une flotte ou une escadre, soit que ses vaisseaux fussent épars et isolés, où, loin de chercher à éviter une action, elle n'eût au contraire attaqué, combattu, souvent défait l'*ennemi*, toutes les fois qu'elle l'a rencontré, sans jamais s'embarrasser du nombre de ses bâtimens, presque toujours supérieurs au nôtre? Témoins le combat d'*Algésiras* et divers autres plus récens.

D'après ces *faits*, qui ne peuvent être révoqués en doute, convient-il aux *Anglais* de parler avec tant d'ostentation de leur fameuse tactique *navale*, du talent et du génie de leurs amiraux, de l'habileté de leurs marins, enfin de leur *prétendue supériorité sur mer*? (oui, encore une fois dit du côté du nombre de ses vaisseaux; car, sous tous autres rapports, les Français la leur ont toujours disputée, et ne cesseront de la leur disputer).

S'aviseraient-ils aussi de mettre en avant *la prétendue bravoure* de leur *armée de terre*; dont, suivant eux, les *généraux*, les *officiers* et les *soldats* qui la composent, sont les plus belles et les plus vaillantes troupes de l'univers ; de cette *formidable* armée sur le secours de laquelle ils comptent le plus pour repousser *l'invasion* qui les menace ?

Effectivement, toute l'Europe n'est-elle pas convaincue de ses hauts *faits* ?

Qui peut ignorer combien les troupes *anglaises* se sont comportées *bravement* dans toutes les actions qu'elles ont eues à soutenir contre les *français ?*

Entr'autres, la belle et honorable défense qu'elles firent à *Toulon*, lorsque les nôtres les forcèrent d'évacuer précipitamment cette place, *(pour ainsi dire imprenable)* que leur avait livrée la *trahison*, et qu'ils abandonnèrent encore plus lâchement, en y laissant d'horribles souvenirs des traces de leur fureur, de leur vengeance et de leur férocité !

Leur affaire sous les murs de *Dunkerque*, où les *Anglais*, quoiqu'avantageusement *campés*, et en forces beaucoup supérieures aux nôtres, composées en grande partie de la *garde* de leur *roi*, et commandées par leur fameux *duc d'Yorck* (10), ne purent seulement résister au premier choc des troupes républicaines qui, les ayant surpris dans leur *camp*, en firent un carnage affreux ; ce ne fut qu'à la faveur de la nuit, et par des chemins détournés que les débris de leur armée purent se soustraire à leur poursuite ; à peine ont-ils pu regagner leurs vaisseaux, où ils s'embarquèrent si précipitamment, qu'ils se virent forcés d'abandonner sur le rivage environ 100 belles *pièces* d'artillerie en *bronze*, qu'ils avaient amenées de *Londres* exprès pour le siége de cette place importante (*Dunkerque*) ; et ils l'auraient infailliblement prise aussitôt leur débarquement effectué, s'ils avaient eu autant de courage qu'en ont montré, dans cette occasion, les simples *habitans* à se défendre, en attendant l'arrivée et la réunion des troupes *Françaises*,

Aussi je crois que les *Anglais* se souviendront long-tems de cette affaire, qui fut une des plus chaudes pour eux.

Et leur débarquement à *Quiberon* ne sera-t-il pas une tache à jamais ineffaçable pour le gouvernement *anglais* ?

N'est-ce pas dans cette cruelle expédition, méditée depuis long-tems par sa perfidie et sa scélératesse, que sa politique infernale sacrifia tout le corps *d'émigrés français* à sa solde, en les faisant jeter sur la côte, parmi lesquels il avait eu soin de comprendre *presque tous les officiers de notre ancienne marine*, (au nombre d'environ 400 ? Avec qu'elle insigne lâcheté ne se virent-ils pas tous abandonnés à la fureur des républicains, par les *Anglais*, qui poussèrent la barbarie jusqu'à faire *mitrailler* ceux d'entre ces malheureux qui s'étaient jetés à la nage ou dans des canots pour tâcher de regagner leurs vaisseaux, fuyant à toutes voiles ?

Citeront-ils aussi leur *brillante expédition* en *Hollande*, où leur armée, encore aux ordres du *vaillant duc d'Yorc*, prudemment *retranchée* entre la mer et les braves *Russes*, qu'ils sacrifièrent à leur sureté, eut à peine le tems de se rembarquer en désordre ? Circonstance où ce *grand* général joua encore de bonheur ; car il aurait dû au moins être fait *prisonnier.*

Enfin, parleront-ils de cet autre *débarquement* qu'ils effectuèrent en *l'an* 7, sur les les côtes d'*Ostende*, au nombre de 3000 hommes, pour aller, de sang froid, détruire les écluses de *Slykens*, afin d'inonder une grande partie de la *Belgique*, si on leur avait laissé le tems d'exécuter cet exécrable projet ? (1).

Le

Le courage des *Anglais* ne se signala pas plus dans cette tentative barbare, que dans toutes les autres précédentes; car de 300 hommes de la 46e. 1/2 *brigade*, composant alors la garnison d'*Ostende*, environ 200 se détachent pour voler à *Slykens*, à la rencontre de l'*ennemi*; cette poignée de *braves*, sans calculer le nombre, fond comme un éclair sur les *Anglais*, les attaque si subitement et avec tant d'intrépidité, qu'elle leur tue ou blesse 200 hommes; une partie se noie en fuyant avec trop de précipitation, et tous les autres mettent bas les armes et sont faits *prisonniers*, jusqu'au *général* qui les commandait; de sorte qu'à peine quelques-uns peuvent se rembarquer pour aller porter à leurs *compatriotes* la nouvelle du *brillant* succès de leur entreprise!

Se vanteront-ils aussi de leur belle *expédition*, dirigée, il y a à-peu-près *deux ans*, par le fameux lord *Nelson*, contre *Boulogne*, où, malgré toutes les forces réunies sous son commandement; malgré tous ses efforts pour détruire notre *flottille*, stationnée alors en rade de ce port, loin de pouvoir l'entamer, il fut au contraire forcé à la *retraite*, après avoir eu plusieurs de ses vaisseaux considérablement endommagés, et perdu beaucoup de monde?

Ainsi le *héros d'Aboukir* vit flétrir ses lauriers et échouer ses talens devant l'intrépide *Latouche-Tréville*! ainsi le champ de bataille et la victoire restèrent à notre *escadrille* de bâtimens légers, que *l'amiral anglais* avait d'abord l'air de mépriser, et qu'il croyait anéantir dès ses premières tentatives!

Et tout récemment encore, ne viennent-ils pas, ces *Anglais*, de voir échouer leurs nouvelles tentatives devant ce même *port* et celui de *Calais*, qu'ils ont inutilement bombardés pendant plusieurs heures, en cherchant en vain à s'opposer à la réunion d'une partie de notre *flottille*, qui cependant eut lieu à la vue d'une division de leurs vaisseaux, dont elle brava le feu continuel? A la vérité, pour se dedommager un peu du désagrément d'avoir vu ainsi l'impuissance de leurs efforts et leur orgueil *humilié*, ils répandirent le bruit, dans leurs journaux, qu'ils avaient fait beaucoup de mal à nos bâtimens, ainsi qu'à *Boulogne* et *Calais*; mais comme l'évidence d'une telle fausseté était trop sensible, ils ont cru à propos de se rétracter (12).

Il suffit, je crois, de *citer* de pareils *traits*

à la gloire des *Anglais*, pour donner une idée de leur courage et de leur loyauté.

Mais si, malgré leur authenticité, ils prétendaient les contester, il serait encore aisé de confondre leur impudence ; et pour peu qu'ils soient jaloux de réparer leur honneur, et d'effacer aux yeux de l'Europe surprise, la honte et l'infamie dont ils se sont couverts, sur-tout depuis la révolution française ; enfin si leur amour-propre se trouvait blessé de ces *citations* trop véridiques ; et si l'on pouvait une fois compter sur la parole des *Anglais*, on leur fournirait les moyens de le venger amplement.

Ce serait un *défi* formel à leur *honneur* et à leur *bravoure*, s'ils en sont encore susceptibles, qu'on leur offrirait, au nom de tous les *Français* (*aucun, je suis sur, ne me démentira*).

Voilà, *braves Anglais*, une belle occasion de signaler votre *valeur !*

Puisque, (*dit M. Pitt*) vous pouvez *défier la France seule*, et *resister à toute l'Europe* qui serait liguée contre vous ; eh bien ! c'est une très-petite *portion* de la France qui défie aujourd'hui toute l'*Angleterre !* la *lutte* ne sera pas si *terrible* à soutenir, et l'on verra si vous avez le *courage et l'énergie néces-saires pour assurer la honte de l'ennemi et votre gloire !* si *vous vous ferez admirer par l'Europe,* si *vous mettrez au grand jour l'honneur et la gloire de la nation Anglaise;* si *vous prouverez aux Nations de la terre* (qui, dites-vous, *ont été obligées d'avouer déjà votre supériorité navale*) si effective-ment *votre puissance militaire empêchera les Français de regagner leur rivage ;* et *si la défaite et l'anéantissement de leur armée apprendront au Monde ce que peu-vent les Anglais contre un ennemi auda-cieux et arrogant* (13) !

Mais, comme ce n'est pas avec de grands mots, de belles phrases, des fanfaronnades ou de vaines menaces, qu'on en impose à des *Français*, mais que ce sont des *faits* qu'il leur faut.

Revenons donc à notre proposition : l'un de vos plus *vaillans* généraux, ou du moins qui passe pour tel, le comte *Moira*, a osé proposer à son gouvernement de quitter la défensive, (*seule situation cependant qui lui convienne*) pour aller attaquer l'*ennemi* sur ses propres foyers. Il lui a été répondu que, *s'il voulait venir, on lui accorderait dix jours ;* tems plus que suffisant pour qu'il puisse effectuer sa descente en toute sureté. Eh bien ! j'ajouterai que le très - honorable *comte* veuille bien désigner encore l'endroit qu'il croira le plus avantageux à l'exécution de son *noble* projet ! Qu'il se fasse même accompagner des ex-généraux *Pichegru* et *Dumourier*, (15) sur le *puissant* secours desquels les *Anglais* paraissent compter ! qu'il s'adjoigne encore le ci-devant *comte d'Artois*, (16) qui a écrit au *roi d'Angleterre* la lettre la plus plate , pour lui offrir ses *importans* services contre son pays ! et je garantis que le tout lui sera pareillement *accordé !*

Mais aussi, de notre côté , nous ne demandons au *gouvernement Anglais* , que strictement le même *délai* qu'impudemment il nous fixait par son *ultimatum*, lors des dernières *négociations*, c'est-à-dire, *trente-six heures* , et la liberté de débarquer, pendant ce court intervalle, seulement 50000 hommes , sur l'un des points de la côte d'*Angleterre* qu'il nous indiquera ; alors, il verra si les *débris* de cette armée, échappés à sa vengeance, iront (*comme dit encore le présomptueux Pitt, même séance du* 22 *juillet*) *attester aux autres français l'impossibilité d'envahir l'Angleterre !*

Ne vous offre-t-on pas là, *fiers Bretons*, les moyens surs d'éprouver votre courage, et de vous défaire, (*ce que vous regardez comme un triomphe si facile*) d'un *ennemi* assez téméraire pour aller vous combattre sur votre propre *territoire !*

Et à vous, *M. Pitt*, une belle occasion de montrer si vos talens militaires sont aussi brillans que vos talens politiques ; et si vous serez aussi *brave* devant *l'ennemi*, à la tête de vos *trois formidables bataillons*, (17) que vous l'êtes dans le parlement, où vous déployez toute votre éloquence, à vanter toutes les prouesses passées et futures des *guerriers anglais !*

Et vous, *grand généralissime duc d'Yorck !* voilà le moment propice de faire briller votre gloire, (*éclipsée à la vérité quelques instans devant Dunkerque et dans les marais de la Hollande*) et d'inspirer votre enthousiasme *héroïque* à toute la *vaillante* armée, dont vous êtes le *digne chef !*

Et vous, *nobles duc de Glocester* et *de Cumberland* (18), qui parlez de *châtier les Français*, l'arène est aussi ouverte pour vous ! ne vous offre-t-on pas là les moyens faciles d'exécuter vos audacieux projets ? — Et vous aussi, *duc de Sussex*, qui avez fait vos prouesses à *Lisbonne*, en cherchant à révolutionner les *Portugais !* venez cueillir votre part de lauriers ! Et vous autres *militaires renommés* de la Grande-Bretagne, qui *fîtes des rivages égyptiens le théâtre de vos succès* (19), voilà l'instant de soutenir votre réputation, sans avoir besoin de vous expatrier, contre un *ennemi* qui ose vous défier jusques sur votre *sol !*

Voyez, *messieurs les Anglais*, quelle latitude pour votre *héroïsme !* . . . . Mais, comme ces propositions, toutes séduisantes et avantageuses qu'elles seraient pour vous, pourraient encore ne pas vous convenir, ne vous souciant peut-être guère, malgré toute votre affectation à afficher la *bravoure*, (20) de vous mesurer avec des *Français* sur un terrain *solide*, où vous ne brillerez sûrement pas.

Eh bien ! nous vous en ferons d'autres *(propositions)* plus analogues et plus conformes à votre goût, à votre caractère et à vos prétentions *hautaines !*

Nous oserons donc vous défier et vous

attaquer, *redoutables Anglais*, par l'endroit où vous vous prétendez *invincibles !* —Vous concevez aisément que c'est de votre *marine* dont nous entendons parler ; — oui, soyez donc une fois vraiment *braves !*

Osez vous engager solennellement, et sous la *garantie* des principales puissances, à n'opposer en mer, à la *flotte* ou à l'*escadre* que nous pourrons y mettre pour protéger notre *descente*, qu'une *flotte* ou une *escadre* de même force (21) ! vous verrez alors si votre prétendue *supériorité navale* sera dans le cas d'arrêter les *Français* dans leur projet, bien déterminé, d'aller également éprouver la valeur de votre formidable armée de 500,000 combattans, qui, dites-vous, sont *prêts* à nous recevoir ! . . . .

Mais à quoi bon provoquer au champ de l'*honneur* des gens qui ne le connaissent pas ? Malgré leur folle prétention à vouloir passer pour les *rois de la mer*, ils se garderont bien encore, ces fiers Bretons, d'accepter cette dernière *proposition* ; ils n'ignorent pas que nous comptons encore, au nombre de nos excellens marins, des *Villaret-Joyeuse*, des *Latouche-Treville*, des *Bruix*, des *Combis*, des *Linois*, des *Magon*, et tant d'autres braves officiers de marine, qui leur ont déjà prouvé qu'ils étaient capables de se mesurer avec eux , et qui tous brûlent et désirent avec autant d'ardeur que d'impatience, d'engager un combat avec leur marine.

D'ailleurs n'est-il pas évidemment démontré que la *bravoure* et la *générosité*, comme l'humanité des *Anglais* (22) en général, n'existent que dans la bouche des *orateurs* de leur *parlement ?* Et celui-ci , dans ses séances orageuses, n'offre-t-il pas, lui-même, un contrate singulier d'orgueil et de bassesse ? Tantôt il vante, et exalte la liberté et le bonheur, la fierté et le prétendu *héroïsme* du *peuple Anglais* qu'il *représente* ; tantôt il vote complaisamment de *très-humbles adresses* au *roi Georges*, pour le remercier de ce qu'il lui a plu (ou *plutôt à ses ministres*) gratifier son *peuple* du renouvellement du plus terrible des fléaux, *(la guerre)* et d'une surcharge d'impôts onéreux ; le tout pour soutenir les injustes et ridicules prétentions de ce *très-gracieux souverain ,* dont le *bon plaisir* est de faire tuer en *masse* ses très-chers et dévoués *sujets.*

C'est donc en vain qu'on chercherait à

piquer l'amour-propre des *Anglais* , et à défier leur *courage !*

D'ailleurs , qui ignore que ces sortes de combats où président la *loyauté* avec la vraie valeur , ne leur conviennent pas du tout , et qu'il en est d'autres qui leur sont plus familiers , et où excelle surtout leur exécrable gouvernement ?

La *trahison* , l'*assassinat* , le *poison* , etc. voilà ses armes *favorites !*

Cette assertion n'est point hasardée , lorsque les preuves les plus authentiques déposent contre lui , et sont à la connaissance de l'univers entier.

A qui doit-on l'origine , l'organisation , le soutien et la durée de cette cruelle guerre civile de la *Vendée* , qui moissonna tant de milliers de victimes des deux côtés, si ce n'est au *cabinet de Saint-James ?*

N'est-ce pas lui qui a inondé la France d'une quantité innombrable de *faux assignats* , croyant tuer son crédit ?

N'est-elle pas encore son ouvrage , cette terrible boucherie de *Saint-Domingue* , où il fit piller , incendier , égorger les *blancs* par les *noirs*? (24) et alors la *France* était en *paix* avec l'*Angleterre*! . . . . .

Et cette *machine* infernale du 3 *nivose*, *an* 9 ! à quel autre qu'à l'infâme *gouvernement anglais*, faut-il l'attribuer, puisqu'il est assez déhonté pour accorder réfuge et protection aux *auteurs* de cet abominable complot ?

Peut-il nier aussi diverses autres nouvelles tentatives, faites depuis, pour le renouvellement d'un attentat aussi atroce *(toujours heureusement déjoué jusqu'ici par la providence)* de la part de ses vils *agens* (25), et qu'ils exécuteraient encore, les *lâches*, s'ils pouvaient le faire impunément ?

A ces *traits* odieux et incontestables de ce perfide gouvernement, ne pourrait-on pas y joindre le violent soupçon qui plane sur sa tête, relativement à l'*assassinat* de *Paul I*er. ? (26)

Toutes les circonstances rapprochées à cette époque et comparées avec son astucieuse politique, ne justifieraient-elles pas pleinement ce *soupçon*?

Et la révolte des *Beys* en Egypte contre *La Porte*, qu'il avait méditée, fomentée depuis long-tems, et qu'il vient de faire effectuer, afin de s'emparer, sous leurs noms, de cette intéressante colonie (27), et ce, dans le tems qu'il se déclare hautement le défenseur de l'intégralité de l'Empire ottoman, et qu'un *ambassadeur* de cette puissance est à *Londres* ! N'est-ce pas là le comble de l'insigne mauvaise foi du cabinet de *Saint-James* ? Et ne décèle-t-il pas aujourd'hui, par cet excès de perfidie, *son arrière-pensée* lors de la signature du *traité d'Amiens* ?

En un mot, il serait impossible de calculer le nombre de traits de scélératesse dont il s'est rendu coupable.

Or, un peuple qui passe pour être si fier, et qui se croit le premier peuple de l'univers, alors qu'il se laisse ainsi docilement gouverner par des hommes aussi profondément méchans, n'est-il pas censé participer à tous leurs crimes ? — Sous ce rapport, ne méritant plus aucune considération, ne doit-il pas partager également l'horreur et le mépris qu'ils inspirent ?

Donc, au point où en sont actuellement es choses, tout rapprochement, toute réconciliation quelconque entre les *Français* et les *Anglais*, sont devenus *impraticables*; il n'y a que l'anéantissement de l'une des deux puissances, qui puisse mettre fin à cette *lutte* vraiment *terrible !*

Mais si l'une des deux doit être détruite, n'est-il pas aisé de prévoir laquelle, en calculant toutes les chances de probabilité, d'après la comparaison du caractère, du génie, des ressources, de l'énergie et de la valeur des deux peuples, dont la différence est si *sensible ?*

Et quoiqu'il n'appartienne pas à l'homme de connaître, avant le tems qu'il a fixé, les décrets du Ciel, ne peut-on pas préjuger, d'après sa justice ordinaire, en faveur de qui il doit se déclarer ?

Abandonnera-t-il la vertu outragée, la loyauté, le courage, et le véritable héroisme défendant et vengeant ses droits, ainsi que ceux de toutes les nations, pour protéger le *crime* et les scélérats ?

Eh bien ! *Ministres perfides !* puisque vous voulez la *guerre*, qu'elle est un besoin indispensable pour vous (28), puisque vous l'avez provoquée par le parjure, par la violation du traité le plus solemnel, par celle du droit des gens, nous la soutiendrons cette *guerre !*... Oui, nous la ferons avec vigueur, mais elle sera *terrible (Comme dit fort bien M. Pitt)!* Vos provocations insultantes et votre déloyauté, ayant *nationalisé* notre haine et notre vengeance, nous répondent d'avance du *succès.*

Vous avez beau fabriquer des nouvelles, inventer les mensonges les plus absurdes, publier et faire imprimer, dans tous vos journaux, les calomnies les plus atroces contre *Bonaparte* et tous les braves qui s'empressent à l'envie de se ranger sous son étendard (29), afin d'exaspérer contre nous le *peuple anglais!* Ce sont là de petits moyens, de ces platitudes qui ne décèlent que trop votre frayeur et votre faiblesse....

Vous ne réussirez pas plus à exciter son enthousiasme, qu'à vous opposer à l'*armée française* destinée à aller punir, à *Londres* même, vos exécrables forfaits !

Et puisque, dites-vous insolemment, en parlant de *Bonaparte :* « *il a vaincu des* » *hordes d'esclaves vils et grossiers* (30), » *mais il apprendra ce que c'is de con-* » *battre une nation d'hommes tous armés* » *pour leur défense, leur liberté etc.; et toute* » *la population de la France serait-elle* » *débarquée en Angleterre, ils ne seraient* » *pas effrayés du résultat.* » Eh bien ! vous verrez si ce *héros*, avec une partie seulement des compagnons de sa gloire, *saura combattre* des hommes aussi *libres* que vous, et *tous armés* pour votre défense, ou plutôt pour *celle* des *caprices* de ceux qui vous gouvernent si *dignement !* ...

Chargée non-seulement de notre vengeance, mais encore de celle de tous les peuples, dont depuis déjà trop long-tems vous avez méconnu, violé les droits les plus sacrés, la cause que veut défendre aujourd'hui cette *armée*, est trop belle, pour ne pas la rendre invincible. Croyez que rien ne pourra l'arrêter ! Ni vos nombreuses *flottes*, ni votre *levée* en *masse*, quand bien même elle aurait à sa tête votre *Roi*, suivant sa *ferme décision* (31), ne pourront l'empêcher d'arriver à son but. C'est donc en vain que vous réunirez tous vos efforts ; vous ne pourrez faire rétrograder d'un seul pas sa marche triomphale, dès qu'elle aura mis le pied sur votre *sol* ; et l'*exécution* d'un pareil projet, vous le savez, vous en convenez, n'est pas impossible aux *Français !*

Prenez donc garde de descendre bientôt de cette *prétendue prééminence*, que vous dites insolemment *avoir depuis des siècles sur toutes les nations de la terre*, et d'être trompés dans *votre confiance au tout-puissant* (car il punit les parjures) en espérant que *vos efforts prouveront à l'ennemi et au monde* (32) *l'impossibilité d'aller vous attaquer !*

Car si une fois les *Français* sont à *Londres*, les *Anglais* pourront dire qu'*ils seront chez nous ;* alors il ne leur restera plus que la triste alternative, ou de subir le joug que nous leur imposerons , ou de suivre leur infâme Gouvernement et ses lâches partisans, qui ne jugeront sans doute pas à propos d'attendre notre *arrivée.*

Voyez déjà , *vils usurpateurs* du pouvoir britannique ! les précurseurs de cette grande *catastrophe*, que je vous prédis ! Jetez les yeux sur votre *digne* ouvrage, l'insurrection *d'Irlande !*... Ce pays, accablé du poids de votre tyrannie, et las enfin du système de proscription et d'assassinats, que vous y avez organisé depuis sa réunion forcée à l'*Angleterre*, vient, pour la deuxième fois, de s'insurger ; avec le secours de la *loi martiale*, et avec celui des *bourreaux*, vos *complices*, vous êtes parvenus à appaiser momentanément cette insurrection, mais ne vous y

méprenez

méprenez pas, c'est un incendie à peine étouffé, que le *premier vent favorable* peut rallumer avec plus de violence, et dont la plus petite étincelle peut embrâser l'*Ecosse*, et gagner jusqu'à votre *repaire !*

Tremblez donc, *Ministres pervers et coupables !* et vous, *Parlement* faible et vénal ! vous avez creusé l'abime où doit s'engloutir votre pays ; craignez d'y être précipités les premiers !

Et vous, bonhomme *Georges !* s'il vous restait quelques instans de *raison*, que de regrets, que de remords n'auriez-vous pas d'avoir confié le poids d'une *couronne*, déjà trop lourde pour vous, en des mains si perfides et si fragiles, qui vous l'ont méchamment laissée briser !

Et vous, *Prince de Galles !* quelle leçon et quel exemple terrible de faiblesse de caractère, n'allez-vous pas offrir à ceux qui, comme vous, sont placés au rang que vous a assigné la naissance, en laissant ainsi s'écrouler un *trône* où vous étiez appelé, et que vous eussiez pu raffermir sur des bases inébranlables.

Vous ferez, hélas ! des réflexions trop tardives sur la conduite que vous imposait votre devoir dans une circonstance aussi critique; ne deviez-vous pas, du moment où la perversité des *Ministres* vous fut connue, déployer toute l'énergie et le courage qui conviennent à *l'héritier présomptif de la couronne?* Et, vous mettant à la tête d'un parti d'honnêtes gens (33), n'auriez-vous pas dû chasser de leurs postes, et livrer à toute la rigueur des lois, ces *monstres*, pour avoir si indignement abusé de la confiance et de la cruelle situation du *Roi*, votre père, en l'avilissant au point d'en faire un *mannequin*, pour couvrir par son autorité, leur ineptie et leurs caprices, leurs brigandages et leur tyrannie? et vous emparer austilôt d'une main ferme, des *rênes* d'un *Empire*, qu'avec de la prudence et de bons conseils, vous auriez pu préserver de sa ruine totale?

Et vous, *Peuple anglais!* qui vous croyez *libre*, alors que vous ne possédez que l'ombre de la liberté, qui paraissiez si jaloux de votre *toute admirable constitution*, lorsque vos *Ministres* ne craignaient pas d'y porter sans cesse atteinte, soit par la suspension de l'*habeus corpus*, soit par l'infraction des *traités* conclus et signés avec le perfide dessein de les rompre le lendemain, soit par des *hostilités* commencées sans déclaration de guerre, et même sans en déférer à vos *Représentans* , soit enfin par une foule d'actes arbitraires et d'abus de pouvoir, etc., voyez un peu à quel degré d'avilissement et de dégradation vous ont réduits la mauvaise administration et la méchanceté de ceux qui vous gouvernent ; jugez si , aux yeux des autres peuples, vous n'êtes pas censés partager leur complicité, ainsi que le mépris et l'indignation qu'ils inspirent., attendu votre soumission aveugle à tous leurs caprices et à leurs volontés ? vous aurez donc bien mérité le sort qui vous attend !

Réfléchissez donc un instant, *ambitieux et imprudens insulaires !* jetez vos regards autour de vous, examinez de plus près votre situation precaire ! voyez , redoutez et prévenez, s'il en est tems encore, les dangers imminens qui vous menacent !

La vengeance de la *Grande Nation* est prête à fondre sur vous, et le moment approche où l'*Europe (qui a déjà cessé toute communication avec vous)* , enfin, délivrée à jamais de la présence et de la société d'hommes aussi dangereux que vous, verra avec plaisir expulser de leur *île* , ces *prétendus souverains des mers ;* qu'ils seront obligés

3?

alors de parcourir en *pirates*, sur ceux de leurs vaisseaux où ils auront pu se réfugier ; et dévorant leur rage impuissante, on les verra fuir et s'expatrier, pour aller chercher un dernier asile *(autant que la vengeance européenne ne les y poursuivra pas)*, et ensevelir avec eux leur honte et leurs remords, dans les Indes occidentales (34), où ils s'imaginent avoir cimenté leur *toute-puissance* par les flots de sang qu'y ont fait répandre leur insatiable avarice, leur ambition et leur cruauté !

Telle est, n'en doutez pas, l'issue de cette *lutte* vraiment *terrible* pour vous, en dépit de vos vains efforts et de votre *prétendue préeminence* sur tous les peuples de la terre ! Tel sera le résultat de la guerre la plus injuste, que votre *imprudence*, votre *mauvaise foi* et votre *déloyauté*, ont osé susciter à une *nation* aussi *grande* et *magnanime*, qu'elle est *brave* et *puissante* !

N O T E S.

(1) Un séjour d'environ deux ans, que les circonstances me firent faire à *Londres*, au commencement
de la révolution française, m'a mis à même de juger
et d'apprécier le caractère *Anglais*, et l'antipathie
qui, de tout tems a existé et existera toujours entre
eux et nous ; en un mot, l'envie et la haine qu'ils nous
portent sont tellement invétérées chez eux, qu'il est
de principe reçu dans l'éducation de leurs enfans, de
leur inspirer de l'horreur pour le *nom Français*. Cela
est si vrai, que, du plus loin que ceux-ci apperçoi-
vent *un Français*, ils s'écrient aussi-tôt : « *French-Dog* »
et souvent encore le poursuivent à coups de pierre.
Que l'on consulte, au surplus, tous ceux qui ont ha-
bité cet infernal pays, et l'on verra si leur opinion ne
s'accorde pas avec la mienne !

D'après cela, comment peut-il se trouver des
Français, surtout à *Paris*, même de ceux *salariés*
par le gouvernement, assez peu jaloux de l'esprit national pour se dégrader au point de *singer* les modes et
costumes des *Anglais*, eux qui méprisent et dédai-
gnent les nôtres ? Comment, dis-je, des *Français*,
quand la loi prohibe toutes espèces de marchandises
anglaises, se permettent-ils de commercer, de vendre
et d'étaler même à la porte de leurs boutiques, avec
une sorte d'affectation, des estampes et gravures *anglaises*, entr'autres la prise de *Seringapatnam* ? En
effet, cette conquête est infiniment *glorieuse* pour les
Anglais : qui ignore qu'ils ne l'ont obtenue, comme
tant d'autres, que par leurs moyens ordinaires, la

trahison, *l'assassinat* et le *poison* ? N'est-ce pas après avoir suscité la division et la guerre civile entre les principaux souverains de l'Inde, fait massacrer les uns par les autres, assassiner ou empoisonner ceux d'entre eux qui se refusaient à leurs lâches conseils, que les *Anglais* ont pu parvenir à détruire la puissance de leur trop redoutable ennemi *Tipoo-Saïb* ?

D'ailleurs, pourquoi aller chercher chez nos implacables *ennemis* de pareils traits de fausse *bravoure*, l'orsque la seule histoire de notre révolution en offre tant de si véritables et de si extraordinaires ?

(2) Assez souvent l'*Angleterre* nous a dicté des lois et des conditions humiliantes, n'est-il pas tems enfin de prendre notre revanche ?

(3) Ah ! sans doute qu'ils jugent de nos ressources par les leurs ! mais, grâces à la sagesse de notre gouvernement, nous sommes bien loin d'en être réduits à l'extrémité où ils en sont pour pouvoir soutenir la guerre dans laquelle les ont engagés leur insatiable cupidité et leur impudeur ; est-il besoin de nous surcharger comme eux de nouveaux impôts ? Et, dans la crise actuelle où se trouvent les *Anglais*, peuvent-ils faire autrement, sur-tout vu la situation très-critique de leur fameuse *banque*, dont les paiemens en numéraire sont suspendus depuis *quatre ans*, et le seront encore long-tems, par l'impossibilité physique et morale où elle serait de réaliser à peine le 1/10°. des effets qu'elle a réunis ?

Belle et agréable perspective pour les capitalistes qui ont été assez confians pour sacrifier leur fortune à alimenter et soutenir ce crédit colossal et imaginaire

des *Anglais*, qui bientôt doit s'écrouler pour ne jamais se relever ! D'après une telle situation , si voisine
de la banqueroute générale , il leur sied bien de
parler de nos finances !

(4) Que l'on compare cet *enthousiasme* , produit
simultanément par toute la France, à ce silence
morne, à cet effroi avec lesquels toutes les classes du
peuple, en *Angleterre*, accueillirent l'appel et les cris
de guerre de leur gouvernement , à leur résistance
opiniâtre à consentir aux nouvelles taxes imposées
pour la soutenir , à leur répugnance à se soumettre à
cette mesure *révolutionnaire* sanctionnée par le parlement (*la levée en masse de tous les hommes , depuis
17 jusqu'à 55 ans*) ! que l'on compare enfin *l'enthousiasme* unanime et spontané de tous les *Français*, à
celui que s'efforçait en vain l'astucieux gouvernement
britannique , de produire en Angleterre , en calomniant indignement l'armée française en *Hanovre*, qu'il
osa accuser de *bandits , se livrant au pillage , au viol
et à toute sorte d'excès envers les peuples de ce pays*,
etc. (*Moniteur*, 17 *thermidor*).

Et que l'on prévoie alors qu'elles seront les suites
funestes de cette guerre de destruction de l'un ou de
l'autre Empire, et de quel côté doit pencher le
succès !

(5) D'après toutes les mesures *révolutionnaires* qu'il
prend, l'on peut juger de la terreur panique qu'inspirent au *Gouvernement anglais* nos préparatifs , et
combien , tout en affectant de ne pas croire à sa possibilité, il redoute réellement la *descente*, surtout
depuis qu'il ne peut plus douter de l'intention posi-

tive du *Premier Consul* de diriger lui-même cette importante expédition !

(6) « Quelle que soit notre supériorité navale, je
» sais que l'opinion de plusieurs de nos amiraux est
» qu'il est impossible de garantir d'un débarquement
» ce pays, etc. »

Discours du colonel Crumford : Séance du 22 juillet.

(7) Témoins les *Alpes*, qu'avant lui, on n'avait jamais vu une *armée* entière oser les franchir !

(8) Aussi le gouvernement anglais, depuis cette époque, n'ayant pu digérer son ressentiment contre la France, et surtout contre *Louis XVI* (*que des ministres adroits et politiques avaient sans doute alors bien conseillé*) d'avoir soutenu aussi énergiquement cette longue guerre, où, pendant tout le cours de laquelle, la *France* fit de si grands efforts, déploya d'aussi grandes ressources, et dont l'issue fut si fatale à l'*Angleterre* ; ce gouvernement, dis-je, ne contribua-t-il pas peu, à force d'*intrigues* et de *guinées*, à la perte de cet infortuné *monarque*, que sa haine implacable avait jurée depuis long-tems ? Et ne fut-il pas aussi le secret et principal *moteur* de toutes les horreurs qui ont ensanglanté notre révolution ?

(9) Le combat naval du 1er. *juin* 1794 (v. st.), fut très-certainement l'un des plus opiniâtres et des plus glorieux que les *Français* aient jamais soutenus avec les *Anglais*, quoique ceux-ci, suivant leur louable coutume, eussent osé s'en attribuer tout l'avantage; car il est avéré que, loin d'avoir perdu un seul bâtiment, les *Français* auraient au contraire détruit entièrement la *flotte ennemie*, pris plusieurs de leurs

vaisseaux de ligne, si toute la leur avait combattu ce jour là, comme les deux précédens. En effet, tous les officiers *français* qui, par suite de la terrible et sanglante action du 1er. *juin*, furent faits prisonniers et conduits en Angleterre, et même jusqu'aux officiers *anglais* qui y avaient participés, sont également convenus que, dans ce fameux combat, qui dura *trois jours*, l'avantage le plus signalé devait rester aux *Français*, s'ils avaient su en profiter, et si tous leurs bâtimens avaient donné le 1er. *juin*, comme les 29 et 30 *mai*; puisque, dès le soir de ce même jour, 30 *mai*, les *Anglais* avaient déjà abandonné le champ de bataille, et s'étaient éloignés à toutes voiles ; les *Français* se retirèrent ensuite.

Cependant, survint une brume épaisse qui, ayant durée toute la nuit du 30 et la journée du 31 *mai*, ne se dissipa que le surlendemain avec le jour : ce qui empêcha, par conséquent, les deux flottes de voir leurs mouvemens respectifs. Ce ne fut donc que dans la matinée du 1er. *juin* que les *Anglais* découvrirent *sept* des bâtimens *Français* qui avaient le plus souffert dans les actions précédentes, abandonnés à eux-mêmes (*on ne sait par qu'elle fatalité*) par la majeure partie de la *flotte Française*, qui avait jugé à propos de profiter du vent favorable pour se retirer vers le port de *Brest*.

Ce fut alors que nos *braves Anglais* ne se firent aucun scrupule d'attaquer, avec des forces *quintuples* des nôtres, (*ils avaient 32 à 33 vaisseaux de ligne*) nos *sept* bâtimens qui soutinrent encore, avec une intrépidité et un acharnement incroyables, un nouveau combat de plusieurs heures, contre des forces sí *supérieures* ; — oh ! trop mémorable et *glorieux* combat, que le burin de l'histoire doit graver en *lettres d'or*, afin de transmettre à nos neveux, tant de traits de patriotisme, de valeur et d'héroïsme, qui ont à jamais illustré tous les *braves*, qui y ont participé, entre autres le sublime dévouement de tout l'équipage du *Vengeur*, qui préféra s'engloutir dans l'onde épouvantée, plutôt que de tomber au pouvoir d'un *ennemi* qu'il méprisait !

En effet, la prise faite par les *Anglais* des *six autres vaisseaux*, n'est due qu'à l'impossibilité absolue où ils étaient de se défendre plus long-tems, ou de gagner au large, étant tous entièrement dégréés, démátés, faisant eau de toutes parts et allant deve-nir la proie des flots, au moment où les *Anglais* s'en sont emparés. Leurs bâtimens même furent si mal-traités, que si les nôtres avaient pu se sauver, ou avoir une seule *frégate* en état de les remorquer, il eût été impossible aux *Anglais* de les poursuivre ; eux-mêmes, c'est tout ce qu'ils ont pu faire que de regagner leurs ports. Ils eurent jusqu'à 3 à 400 hom-mes tant *tués* que *blessés* à bord de presque tous leurs vaisseaux, dont plusieurs furent sur le champ condamnés à ne plus reservir.

Aussi depuis les *amiraux* jusqu'aux simples mate-lots *Anglais*, tout en ne pouvant s'empêcher, mal-gré leur orgueil, de rendre justice à la bravoure des *Français*, ils s'accordaient tous à dire qu'ils n'avaient jamais vu un combat aussi *terrible*, et que les annales du monde ne pourraient en citer aucun exemple ; ajoutant de plus que s'il leur en fallait soutenir en-core un semblable, leur *marine* serait bientôt dé-

truite ; leurs matelots même, en parlant de l'intrépidité des nôtres à se défendre dans cette trop célèbre journée, fesaient cette singulière allusion :
*Le Français ressemble à la pierre à fusil, plus on la
frappe, plus elle jette de feu.*

   *Ce que je viens d'avancer, je l'ai entendu dire de
la bouche même des Anglais à Londres, où j'étais
alors ; d'ailleurs, comme il existe encore sans doute
plusieurs de nos braves qui se sont distingués dans
cette glorieuse journée, leur témoignage non équivoque,
s'il était réclamé, justifierait pleinement mon assertion.*

   (10) **Tout** le monde sait que le duc *d'Yorck*, ren-
fermé dans sa *tente* avec les principaux officiers de
son état-major, était, suivant l'habitude anglaise,
occupé à vider le *punch* et à faire sauter les bou-
chons de vin de Champagne, lorqu'on vint le pré-
venir de l'attaque subite des *Français* ; il en fut tellement stupéfait et effrayé, que, dans sa fuite pré-
cipitée, il y oublia son *chapeau.*

   (11) Je puis parler avec quelque certitude de cette
affaire, si glorieuse pour les *Anglais* ; car, habitant
ces contrées, (*la Belgique*) à cette époque, j'en
fûs, comme mille autres, pour ainsi dire, témoin
oculaire.

   (12) La gazette de la cour contient deux lettres
officielles ; dans la première, le capitaine *Jakson*
fait savoir à l'amirauté « qu'il a bombardé *Calais* ;
» qu'il est fâché que les *vents contraires* l'aient em-
» pêché de faire tout le mal que portaient ses ins-
» tructions ; il avoue n'avoir pu empêcher le pas-
» sage de la *flotille française*, etc.

La deuxième lettre est de *Robert Houyman*, com-

mandant la *Léda* : il dit : « qu'ayant vu 60 *canon-*
» *niers français* embossés dans la rade de *Boulogne*,
» il s'en est approché, a engagé avec elles une vive
» canonnade ; mais que les *vents contraires* l'ont obligé
» de rentrer, et l'ont décidé à prendre le large ; il ne
» peut pas se dissimuler que nos vaisseaux n'ont point
» réussi à *Calais* et à *Boulogne*, etc.

» On dirait que c'est pour braver nos efforts, qu'on
» a envoyé à *Boulogne*, des chaloupes canonnières,
» à plusieurs reprises, à la barbe de nos vaisseaux.
« Le plus grand mal qui résulte de ce que le bom-
» bardement n'a point eu d'effet, est que les soldats
» et les matelots français, qu'on doit employer pour
» tenter l'invasion, ne peuvent qu'être animés par
» notre mauvais succès ; cela suffit pour les persuader
» que notre défaite n'est point impraticable, et pour
» *faire perdre le crédit à la toute puissance maritime*
» *de la Grande-Bretagne* ».

Extrait du Morning Cronicle du 13 *octobre.*
(22 *vendémiaire.)*

(13) *Discours de M. Pitt. (Séance des communes*
du 22 *juillet.)*

(14) *Moniteur du* 10 *messidor.*
Discours du comte Moira. (Séance du 20 juin.)

(15) *(Londres* 22 *août.)*

Le bruit se répand généralement que les géné-
raux Pichegru et Dumourier doivent commander des
armées de royalistes en France, qui seront protégées
par des troupes anglaises dans leur descente sur les

côtes de Bretagne, où des milliers les attendent pour se joindre à elles. Une armée anglaise fera en même-tems une attaque sur un autre point.

(Extr. du Morning Chron.)

N'est-ce pas là un exemple frappant de la nécessité où vous en êtes réduits à *leurrer* d'espérances chimériques le peuple *anglais*, à lui présenter comme *réels* de grands projets imaginaires, dont vous connaissez bien toute la futilité ?

En effet, quelle confiance pourrait-on vous supposer dans les ex-généraux *Pichegru* et *Dumourier*, lorsqu'ils ont trahi leur pays ? Et où sont ces *prétendues armées de royalistes en France*, qu'ils doivent commander ? — Ne savez-vous pas qu'encore indignés de la manière perfide dont vous les avez joués si long-tems, presque tous les ci-devant *royalistes* se sont ralliés aujourd'hui au *gouvernement consulaire*, dont ils éprouvent journellement la bienveillance ? — Et s'il en existait qui méconnussent assez leurs intérêts pour se fier encore à vos vaines promesses, quels secours devraient-ils effectivement attendre de vos troupes, si *braves* et si *heureuses* dans toutes vos tentatives de *descente* sur nos côtes ?

(16) *(Moniteur du 28 vendémiaire.)*

(17) Dans les premiers jours de brumaire, M. *Pitt* passait en revue ses trois bataillons de volontaires à *Plymouth* ; dans ce même moment ayant apperçu de loin quelques voiles (qu'ils croyaient ennemies) se dirigeant vers le port, aussitôt tous de battre en retraite dans le plus grand désordre ; de manière que

(46)

leur digne *chef* eut beaucoup de peine à les rallier.
(*Observateur français du 13 brumaire.*)

Il faut convenir que, si tous les autres *volontaires*,
qui doivent concourir à la défense de l'Angleterre,
sont aussi *braves* que ceux qui composent le *régiment
Pitt*, ils ne seront guères dangereux pour les *Français*.

(18) L'on en excepte néanmoins votre illustre
frère, le duc de *Cambridge*, qui, chargé de défendre
le *Hanovre*, a fait ses preuves de bravoure. . . . . . .
. . . . *à la course.*

(19) Discours de M. Pitt. (*Séance du 22 juillet.*)

(20) (*Moniteur du 27 brumaire.*) Londres, 11 brumaire (3 novembre).

*L'armée de Boulogne a été augmentée, etc., et les
troupes s'exercent journellement à la petite guerre de
terre et de mer, et à débarquer bravement sous le
feu des batteries. — Nous n'avons pas la prétention
de la disputer à nos adversaires dans ce genre de
guerre ; c'est sur le champ de bataille que nous les
attendons. L'issue ne peut qu'être glorieuse pour la
Grande-Bretagne, avec l'ardeur qui anime actuellement toute la nation. La défaite de l'ennemi anéantira
pour jamais toute autre menace d'invasion, etc. . . . .*
— (Morning post.)

*Un individu traversait Londres à cheval, un soldat
en habit rouge effraya tellement le cheval, que le ca-
valier fut renversé ; Monsieur, dit le soldat, en le re-
levant, vous devriez nommer votre cheval, Bonaparte,
car un soldat anglais lui fait peur. — (Idem.)*

Il vous convient bien, lâches ! de faire une plai-
santerie aussi ridicule sur l'*homme* dont toutes les par-
ties du globe retentissent de sa gloire immortelle!

Et d'oser défier des *Français* sur le *champ de ba-taille*, alors que, dans toutes les actions avec eux, vous l'avez toujours lâchement *abandonné*! entre autres à *Dunkerque*, en *Hollande*, à *Ostende*! Et dans ce dernier endroit, ne vous souvient-il plus que, quoique vous fussiez alors dans la proportion d'au moins *dix* contre *un*, vous n'en fûtes pas moins *battus*, *forcés de mettre bas les armes*, et de vous rendre tous (excepté les *tués*) *prisonniers* de guerre, devant une poignée de nos *braves*!

Osez-donc encore parler de votre *courage*, et mettre en comparaison avec un *héros* dont la renommée seule vous glace tous d'effroi, un *soldat anglais*, alors que le plus aguerri tiendrait à peine tête au dernier de nos *conscrits?*

(21) N'est-ce pas-là un démenti formel donné à l'assertion du fameux lord *Nelson*, qui, en rendant compte à son gouvernement de l'*escadre* de *Toulon*, de même force, dit-il, que la sienne, ajoute qu'*elle n'osera pas sortir qu'elle ne soit en forces supérieures?*

(22) Veut-on avoir une idée positive de l'*humanité* et de la *loyauté* des *Anglais?* il n'y a qu'à consulter tous les *Français*, que le sort de la guerre a fait tomber *prisonniers* entre leurs mains, depuis le commencement de la révolution; entre autres les *officiers et soldats* des garnisons de *Sainte-Lucie* et de *Saint-Pierre et Miquelon*, ainsi que les *habitans* de ces places, qui, en 1793, avaient préféré les suivre, plutôt que de rester sous le joug des *Anglais*, lesquels, au mépris d'une capitulation portant qu'ils seraient tous conduits à *Saint-Malo*, furent transportés dans les prisons d'Angleterre (*Portsmouth*, *Portchester*, l'*Isle-*

de Whitt, etc.) où ils étaient encore sur la fin de 1794 , surtout à *Portschester*. Il fallait les voir dans cette prison mal saine , au nombre d'environ 5ooo , (y compris divers autres prisonniers français ; *je puis certifier ces faits* , *ayant aidé à sauver deux de ces infortunés* , *qu'après avoir bravé tous les dangers* , *j'ai ramené avec moi en France*) officiers , soldats , hommes , femmes , enfans et vieillards , étaient tous , pêle-mêle , entassés , pour ainsi dire , les uns sur les autres , presque nuds à l'entrée d'une saison rigoureuse , exposés à l'intempérie de l'air , et n'ayant qu'une très-mauvaise nourriture ; et pour comble d'horreur , l'on voyait des *officiers anglais* insulter aux malheureux soldats français prisonniers , et leur faire souffrir toutes sortes de privations et de mauvais traitemens , lorsqu'ils ne répondaient que par le mépris et l'indignation à leurs lâches propositions de leur faire recouvrer la *liberté* , s'ils voulaient consentir à s'enrôler dans le corps des *émigrés* ! et jusqu'aux *sentinelles* qui les gardaient , qui se permettaient quelquefois de leur lâcher des coups de fusil !

Peut-on pousser plus loin la perfidie et la cruauté ?

D'après cela , doit-on s'étonner de la question qui s'est dernièrement agitée à *Londres* , de savoir s'il ne conviendrait pas de transporter tous les *prisonniers français* actuellement en Angleterre , dans les *mines de l'Écosse* , et si , lors de l'invasion , les *Anglais* devront faire *quartier* à ceux qu'ils pourront faire ?

Les peuples les plus barbares en agiraient-ils autrement ?

D'après ces *faits* , qui ne sont que trop constans ,

comment

comment pourrait-il se trouver un *Français* assez peu jaloux du caractère national pour spéculer encore ou faire usage de marchandises anglaises , pour singer encore , pour estimer même un *Anglais* quelconque ?

(23) N'a-t-il pas encore , il y a peu de tems , cherché à rallumer cette cruelle guerre , en y faisant passer des armes et des munitions, que les habitans indignés d'une telle récidive de perfidie , se sont empressés d'aller porter en triomphe à leurs *magistrats* ?

(24) L'un des *princes* , (le duc de *Glocester*) de la famille royale , ne fut-il pas assez imbécille pour révéler , en plein parlement , cet excès de scélératesse ?

(25) L'on ne doute pas que le *gouvernement anglais* ait encore des *émissaires* à ses gages , prêts à seconder ses infâmes desseins , s'ils en trouvaient l'occasion favorable , et que ceux-ci peuvent avoir pour partisans quelques *Français* , indignes de ce nom ; mais ces scélérats ne sont pas dangereux : les uns et les autres sont *signalés*.

(26) La mort de *Paul I*ᵉʳ. arriva peu de tems après que, convaincu de la perfidie du *ministère Britannique*, il s'était retiré de la coalition , et lorsqu'il venait de mettre un *frein* à sa tyrannie , en renouvelant le systême de la *neutralité armée du nord* , qu'avait conçu le génie de sa mère.

Une observation assez remarquable , c'est qu'à l'époque de cette sanglante catastrophe , le Gouvernement *anglais* avait choisi pour le représenter et résider auprès de cet infortuné monarque , l'homme de l'Angleterre qui passe pour le plus adroit, le plus délié et le plus dévoué à ses vues politiques ; c'est précisément ce même *ambassadeur* qu'il envoie en France auprès du *Premier Consul*, après la signature du *traité d'Amiens!* traité dont tout justifie, qu'en le signant, le *Gouvernement anglais* avait déjà *l'intention* de se parjurer.

(27) L'on n'avait jusqu'ici que de fortes présomptions sur cette nouvelle perfidie du *Gouvernement Britannique*, tant par les divers rapports de *Vénise* et de *Triest*, que par l'accueil distingué fait par la cour de *Londres* à *Elphi-Bey*, l'un des envoyés des *Beys* révoltés en Egypte; mais ces présomptions viennent de se changer en certitude: ce gouvernement déhonté ne rougit pas d'en faire lui-même l'aveu.

Voyez comme il s'explique à ce sujet, à l'article d'*Angleterre* du 2 décembre, (10 frimaire).

Moniteur du 1er nivose.

(28) « *Il nous faut la guerre, parce que la paix nous tue, et que la guerre nous sauvera* » : Conversation de *M. Tierney*, avec l'un des principaux habitans de *Calais*, où il a été passer une partie de l'été.

(*Moniteur du 27 thermidor*).

(29) *Le Premier Consul a une aversion enracinée pour la mer; il va souvent au chantier de la Seine, à l'effet de surmonter le dégoût qu'il ressent pour l'élément liquide, etc.*   (*Times*) Moniteur du 27 brum.

Oui, tant qu'elle sera infestée par des *brigands*, des *pirates* tels que vous; mais dès qu'il l'en aura purgée, son aversion *diminuera* bientôt.

On assure que 50000 français avaient reçu ordre de s'embarquer immédiatement sur les chaloupes pour

*tenter une descente sur ce pays , mais que les troupes
avaient absolument refusé.*

(*Morning-Chronicle*)   Idem.

Sans doute que vous jugez le caractère du *soldat
français* d'après celui de vos *mercenaires* , que vous
êtes obligés de faire *fusilier* pour les empêcher de dé-
serter ! mais votre illusion , à ce sujet , ne sera peut-
être pas de longue durée ; vous serez alors convaincus
de la différence.

(30) *Londres* , 8 *novembre* , 16 *frimaire* — *Moniteur du 27 frimaire*. — Le délire de la frayeur égare
les *Anglais* à un tel point , qu'ils exhalent leur fureur
et leurs injures jusques contre les *troupes* des puissances *neutres* ; et ce , parce qu'ils ont vu échouer toutes leurs lâches intrigues devant la sage politique des
souverains de ces puissances , qui leur ont refusé leur
appui. Mais ne pourrait-on pas observer avec raison ,
à ces arrogans insulaires , qu'il leur sied mal d'oser
attaquer la *bravoure* de ces mêmes *troupes* , lorsque
dans toutes les circonstances où ils devaient combattre
ensemble contre les *Français* , elles se sont toujours
vaillamment sacrifiées , pendant qu'eux ne songeaient
qu'à chercher leur propre sureté par une *fuite* hon-
teuse ? Ne pourrait-on pas leur dire également que ,
s'il existe en Europe des troupes *d'esclaves* , très-
certainement ce sont ceux-là qui se laissent gouverner et *museler* par un *roi imbécille* , et par des *ministres* cent fois plus *ineptes et plus pervers* ?

(31) *Extrait du discours du roi , à l'ouverture de la
nouvelle session du Parlement (30 brumaire* , 22 *novembre.*

» Je suis effrayé du fardeau qui , dans les circons-
» tances présentes , doit inévitablement peser sur mon

» peuple ; mais je suis persuadé qu'il le supportera, etc.»
» Embarqué dans la même cause avec mon brave et
» loyal peuple ; je suis *fermement décidé*, si l'occa-
» sion s'en présente, à *partager ses efforts* et ses
» *dangers* » (oui, comme votre cher fils, le *duc de*
» *Cambridge*) pour la défense de la constitution, etc. »

Voyez, au surplus, ce discours en entier dans le *Moniteur* du 12 *frimaire*, et sur-tout les *notes* intéressantes auxquelles il a donné lieu ; aussi vraies que sages et énergiques ! en un mot, elles ne laissent absolument rien à désirer pour la *réplique* à ce singulier discours.

(32) Précédent discours du roi au parlement, (*séance du* 12 *août*).

(33) Si vous vous fussiez montré ; n'auriez-vous pas trouvé nombre de partisans zélés, même parmi les membres du parlement, qui se seraient empressés de seconder vos nobles projets ? Et d'ailleurs, ne deviez-vous pas être d'avance assuré de *l'opinion presque générale du peuple*, (*dont vous êtes aimé*) qui se serait rangé aussi-tôt sous votre *bannière ?*

(34) Ne conviennent-ils pas eux-mêmes (*les Anglais*) des moyens odieux qu'ils ont employés pour se rendre maîtres de ces vastes contrées ?

« *Quant à nos grandes conquêtes dans les Indes*
» *occidentales, conquêtes si vantées, et auxquelles*
» *l'adresse s'arrête avec tant de fierté, nous les avons*
» *faites si facilement, que nous devrions en rougir.*» etc.
Extrait du discours de *M. Windham, séance des communes*, (29 *novembre*) en votant l'adresse de remercîment au roi, pour son discours de la veille, 22, à l'ouverture de la *session*.

www.ingramcontent.com/pod-product-compliance
Ingram Content Group UK Ltd.
Pitfield, Milton Keynes, MK11 3LW, UK
UKHW022207070726
13613UKWH00004B/1507